DURMONT

OU

LE MODÈLE DES AMIS,

COMÉDIE

EN DEUX ACTES ET EN PROSE.

Représentée pour la première fois, à Paris, sur le Théâtre du Palais-Royal, le 8 Juin 1787.

Prix, 1 liv. 4 sols.

A PARIS,

Chez CAILLEAU, Imprimeur-Libraire, rue Gallande, N°. 64.

1787.

PERSONNAGES.	ACTEURS.
DURMONT, riche Négociant.	M. *Dumaniant.*
LISIMON, Armateur.	*M. Duval.*
SOPHIE, fille de Lisimon.	*Mlle. Forêt.*
DORVAL, fils de Durmont.	*M. St. Clair.*
DURAND, Négociant.	*M. Maillé.*
Madame LAURENT, Marchande.	*Mlle. Prieur.*
JACQUES, Valet de Durmont.	*M. Boucher.*

La Scène est à Marseille.

NB. Tous les endroits où il y a des guillemets, sont supprimés à la représentation.

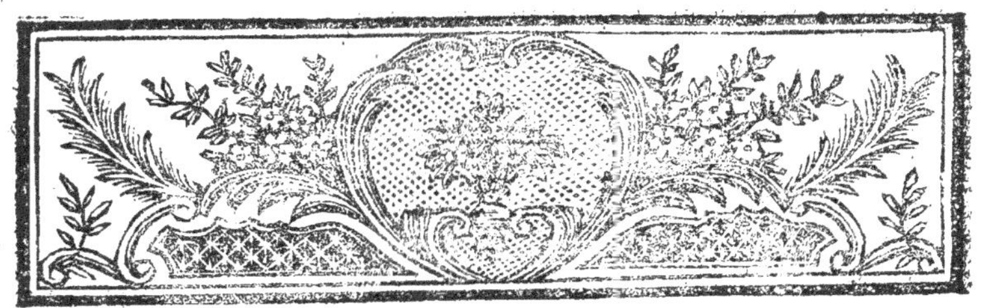

DURMONT
OU
LE MODELE DES AMIS,
COMÉDIE.

ACTE PREMIER.

(Le Théâtre représente un Sallon).

SCENE PREMIERE.

SOPHIE, *seule.*

(Elle travaille à un ouvrage de broderie).

QUE mon pere tarde à revenir. ... dans quelle inquiétude il me laisse..... quel changement cruel ! Ah ! j'ai connu trop-tôt le bonheur : voici les premières larmes que je verse, elles sont bien amères. ... mais mon père ! ah, je crains bien que cet évenement ne le mène au tombeau!...J'entends quelqu'un, c'eſt lui ſans doute.

SCÈNE II.

SOPHIE, MADAME LAURENT.

Madame LAURENT.

BON jour, Mademoiſelle, vous êtes ſeule?

SOPHIE.

Oui Madame, mon père eſt ſorti: il eſt allé juſtifier ſa conduite à ſes Créanciers raſſemblés & leur démontrer que ſa faillite a été néceſſitée par les pertes & les retards qu'il vient d'éprouver.

Madame LAURENT.

Voila un évènement bien malheureux!

SOPHIE.

Et bien imprévû. Mais enfin nous ſeuls en ſouffrirons. Mon père ne demande que du tems pour faire honneur à tous ſes engagements.

Madame LAURENT.

Le monde eſt bien méchant, Mademoiſelle, je ne vous le cache pas; il court des bruits ſur cette affaire, que je ne crois pas, mais qui indiſpoſent tout le monde.

SOPHIE.

Ce n'eſt pas la premiere fois, Madame, qu'on a vu la calomnie noircir la conduite la plus honnête, mais l'homme juſte la dédaigne; mon père malheureux par une de ces révolutions dont on voit tous les jours des exemples dans le commerce, p ut être soupçonné, mais jamais convaincu. Que tous ces bruits ne vous allarment point, Madame, vous serez bientôt satisfaite.

Madame LAURENT.

Je ne suis pas très-inquiète, mais vous le savez, Mademoiselle, je ne suis pas riche, ces fonds je vous l'avoue me feraient grand plaisir. Mais comment Monsieur votre père ne s'est-il pas adressé à cet honnête Monsieur Durmont, dont il est l'ami, pour l'aider dans cette malheureuse circonstance ? il aurait évité un éclat qui fait le plus grand tort à sa réputation.

SOPHIE.

Il est vrai, Madame, mais mon père n'a point voulu entraîner dans sa chûte un homme dont il est l'ami; plus il comptait sur cette ressource, & plus il a dû la ménager. D'ailleurs, vous n'ignorez pas que mon père lui est encore redevable d'une somme fort considérable.

Madame LAURENT.

Vous deviez épouser son fils, ... il est bien malheureux que ce mariage n'ait pas été plutôt terminé; car il est à craindre qu'il ne soit au moins fort retardé.

SOPHIE.

Ah! Madame, je dois m'estimer bien heureuse, qu'il n'ait pas été plutôt conclu, « au moins je » souffrirai seule, & je n'aurai rien à me reprocher.

Madame LAURENT.

» Un malheur partagé se supporte plus aisement.

SOPHIE.

« Il eſt vrai, Madame, mais le plus ſouvent » le beſoin déſunit, on a de l'humeur, on ne ſe » paſſe rien, & l'on finit par mener une vie » d'autant plus inſupportable, qu'on y avoit envi- » ſagé plus de douceurs. » Dorval trouvera aiſément une compagne, qui lui conviendra à tous égards mieux que moi.

Madame LAURENT.

S'il faut vous dire ce que je penſe, Mademoiſelle, une réſolution auſſi ferme & auſſi ſage, ſuppoſe que vous épouſiez Dorval plutôt par convenance de fortune & d'état que par amour.

SOPHIE.

Madame......

Madame LAURENT.

Il eſt poſſible que la volonté de Monſieur votre père eut ſeule décidé de cet hymen.

SOPHIE.

Pouvais-je mieux faire que de m'en rapporter à lui pour mon bonheur.

Madame LAURENT.

Ces ſentimens ſont bien louables, Mademoiſelle; ils ſuppoſent, ils perſuadent même qu'il n'eſt rien que vous ne fiſſiez pour lui prouver votre affection.

SOPHIE.

Ah! Madame, vous n'en devez pas douter.

Madame LAURENT.

Vous m'encouragez, Mademoiſelle, à vous

dire le vrai motif de ma visite, & si vous le voulez, tous vos malheurs seront bientôt finis.

SOPHIE

Expliquez-vous, Madame.

Madame LAURENT.

Vous connaissez Monsieur Durand?

SOPHIE.

Sans doute..... Eh bien, Madame?

Madame LAURENT.

Vous savez depuis combien de tems il vous aime; vos refus, ceux de votre père, lorsqu'il s'offrit pour obtenir votre main, n'ont pû chasser de son cœur l'amour que vous lui avez inspiré; ami rare, amant constant, il vous offre par moi, son cœur, sa fortune & sa main.

SOPHIE.

Qui moi, Madame! J'épouserais un homme haï, méprisé de tout le monde.

Madame LAURENT.

Vous le jugez trop sévérement, Mademoiselle; la démarche qu'il fait, les secours qu'il vous offre, dans un moment d'infortune où l'on trouve rarement des amis, doivent justifier à vos yeux les défauts dont on l'accuse peut-être trop légèrement.

SOPHIE.

Il a la voix publique contre lui, Madame, c'est une présomption bien forte contre son honnêteté. Il ne m'appartient point de le juger, mais nous ne pouvons accepter ses offres.

Madame LAURENT.

Ainſi, Mademoiſelle, vous refuſez le ſeul moyen qui vous reſte, pour tirer du malheur un père qui vous aime.

SOPHIE.

Plut au Ciel ! que le ſacrifice de ma vie pût lui ſervir. Il me ſerait plus doux que le moyen que vous me propoſez. . . . . D'ailleurs c'eſt à mon père qu'il devait s'adreſſer.

Madame LAURENT.

Admirez ſa délicateſſe ; c'eſt de vous ſeule qu'il veut vous obtenir. Si vous aviez lu, comme moi, dans ſon cœur, vous en ſeriez attendrie. Il ne s'eſt adreſſé à moi, m'a-t-il dit, que parce qu'il ſavait que Monſieur votre père m'était redevable d'une aſſez groſſe ſomme..... & je ne vous cacherai pas que ſuivant votre réponſe, il doit terminer avec moi ſur le champ, & qu'il doit me placer cet argent de la manière la plus avantageuſe.

SOPHIE.

Ah, comme l'intérêt nous aveugle ſouvent !

Madame LAURENT.

Non, Mademoiſelle, non, vous me feriez la plus grande injuſtice de penſer que l'intérêt eſt le motif qui m'a décidée à cette démarche ; je n'ai pas oublié les ſecours obligeans que j'ai reçu de Monſieur votre père, lorſque j'ai commencé à m'établir. Je vous proteſte même que c'eſt cette raiſon qui ma déterminée à me charger de ce meſſage. Car enfin, Mademoiſelle, il ne faut pas être injuſte, Monſieur Daran, riche comme il eſt, pouvait naturellement prétendre aux plus riches partis de cette ville, & j'ai cru voir dans sa conduite beaucoup de désintéressement, lorsqu'il sacrifie toutes ses espérances au bonheur de vous posséder & au plaisir de relever la fortune de Monsieur votre père. Sa proposition m'a paru généreuse & raisonnable, & vous gardez peut-être à tort une vaine espérance.

SOPHIE.

Croyez, Madame, qu'il n'est rien qu'on ne me vit sacrifier au bonheur de mon père.

Madame LAURENT.

Vous pouvez le prouver en épousant Monsieur Durand.

SOPHIE.

Eh bien, Madame, qu'il m'obtienne de mon père, ses ordres seront sacrés pour moi!

Madame LAURENT.

Ainsi Mademoiselle, je puis....

SOPHIE, *l'interrompant.*

Lui rapporter fidelement ma reponse.

Madame LAURENT.

Faites-en une à ce billet qu'il m'a chargé de vous remettre. (*Elle lui donne une lettre.*)

SOPHIE.

Moi, lui écrire?

Madame LAURENT.

Lisez & rendez-lui justice.

SOPHIE, *jette un coup d'œil sur la lettre.*

Il suffit, Madame, mais je n'ajouterai rien de plus. Cette lettre m'indigne & ne m'étonne pas.

Madame LAURENT.

Il vous offre ſon cœur, ſa fortune & ſa main.

SOPHIE.

Oui, Madame, il eſt vrai, mais de quelle façon? jugez en. (*Elle lui donne la lettre.*)

Madame LAURENT.

Je tombe de mon haut. Ah, comme il m'a trompée! Je le croyais ſenſible, honnête, généreux; il m'avait ébloui, je ne le cache pas. Je m'en vais le trouver, lui rendre ſa lettre, & l'accabler des plus juſtes reproches.

SOPHIE.

Non, Madame; au contraire, il faut le ménager, il peut tout contre nous dans cette circonſtance; ſi vous voulez nous ſervir, dites-lui que ma main dépendant de mon père, c'eſt à lui ſeul qu'il ſe doit adreſſer, que puiſqu'il ſe montre ſenſible à nos malheurs, il doit tout attendre de ma reconnoiſſance.

Madame LAURENT.

Puiſque vous le voulez, je vais feindre avec lui; j'aurai l'air de partager ſon reſſentiment, je le ſuivrai de près. Je lirai dans ſon cœur; en le flattant j'aurai ſa confiance & je m'en aiderai pour vous ſervir, quand je devrais tout perdre & tout ſacrifier.

SOPHIE.

Allez, Madame, je me plais à vous croire ſenſible & reconnaiſſante, & ne puis croire que vous cherchiez à abuſer de notre honnêteté & de ma confiance.

Madame LAURENT.

J'eſpère que vous me rendrez bientôt toute la juſtice que mérite mon attachement pour vous. Je vous quitte à regret, mais c'eſt pour vous ſervir.

SCENE III.

SOPHIE.

CE dernier coup vient à bout de toute ma conſtance..... N'était-ce donc pas aſſez de perdre l'eſpérance d'être à tout ce que j'aime? Il fallait encore que j'euſſe la crainte d'une exiſtence mille fois plus à redouter que la mort. Liſons cependant ce qu'il oſe m'écrire.

» Malgré la rigueur des refus que vous m'a-
» vez fait éprouver, Mademoiſelle, j'eſpère que
» la démarche que je fais aujourd'hui, vous don-
» nera de moi l'opinion que vous auriez toujours
» dû en avoir. Je ſerais en droit de vous faire
» des reproches, mais je n'abuſerai point de votre
» malheureuſe ſituation. Acceptez l'offre réiterée
» de mon cœur & de ma fortune; un mot de vous
» peut réparer tous vos malheurs. Mais ſi vous
» perſiſtez à un refus auſſi imprudent que déplacé,
» ſongez que le ſort de votre père eſt dans mes
» mains, & que mon amour ne me laiſſe que
» l'alternative de faire tout pour vous plaire ou
» pour me venger de vos mépris DURAND.

Qui moi, je ſerais l'épouſe d'un tel homme? Ah! mon père, je vous connais trop-bien, jamais vous ne l'exigerez ! J'entends quelqu'un, c'eſt lui, c'eſt mon père.

SCENE IV.

LISIMON, SOPHIE.

SOPHIE.

EH bien, mon père, quelle nouvelle ? tout s'eſt-il arrangé comme vous le deſiriez ?

LISIMON.

Le malheur nous pourſuit toujours, ma chère Sophie ; j'ai d'abord trouvé les eſprits de mes créanciers aſſez bien diſpoſés, mais Durand a paru ; cet homme impitoyable s'eſt refuſé à tout ce que j'ai propoſé ; par des accuſations fauſſes & des raiſons ſpécieuſes, il a trouvé le moyen de ramener à ſon avis ceux qui étaient le mieux diſpoſés en ma faveur, & ils ont unanimement refuſés de m'accorder les délais que je leur ai demandé.

SOPHIE.

Comment ? aucun n'a pris votre défenſe ! Durmont ?

LYSIMON.

Il ne s'eſt point montré à l'aſſemblée, & ce coup m'a été d'autant plus ſenſible, que je comptais beaucoup ſur lui ; l'appui de cet ami me manquant je ſuis demeuré interdit, chagrin, & nous nou ſommes quittés ſans rien conclure.

SOPHIE.

Si vous saviez, mon père, ce qu'on me propose pour terminer tous nos malheurs ?

LISIMON.

A toi, ma fille ?

SOPHIE.

Ce Durand, cet homme impitoyable qui jouissant de votre infortune vous ôte les moyens de la réparer ; voyez ce qu'il m'écrit. (*Elle lui donne la lettre de Durand*)

LISIMON, *après avoir lu.*

Le mépris le plus profond, ma fille, doit être la suite de la proposition de cet homme odieux. Sa démarche prouve assez que sa haine, son acharnement à me perdre sont les effets du refus que je lui ai fait de ta main.

SOPHIE.

Et c'est avec des tels sentimens, qu'il ose former le projet de s'allier avec vous.

LISIMON.

Tel est, ma fille, l'avantage de la vertu, que le vice même est forcé de l'admirer.

SOPHIE.

Mais que veut-il faire entrevoir, lorsqu'il dit que votre sort est dans ses mains ?

LISIMON.

Le voici, mon enfant : il y a environ un an que je fus sollicité par un de mes amis de charger un Vaisseau pour trafiquer dans le Levant. Cette affaire était brillante & les retours en paraissaien certains, mais n'ayant pas assez de fonds pour l'en treprendre ; je fus obligé d'en emprunter. Durand qui avait fait l'impossible pour m'enlever sourde ment cette affaire, fut un des plus ardents à m'offrir des fonds qu'il avait en réserve; je le pris, il en reçut les intérêts ; ma fortune, ca je ne puis croire que ce soit un autre sentiment lui avait fait naître le projet de me demander ta main. Il me la demanda fort peu de tems après je la lui refusai, & dès ce moment, cet homme devint le plus implacable de mes ennemis. Je m'en inquiètai peu, ma conscience était tranquille. J'ap pris bientôt après que mon opération avait réussi au-delà des mes espérances. Je reçus la nouvelle que mon Vaisseau revenait chargé de marchandise dont la vente en cette ville devait me produire un intérêt très-fort. Je me flattais déja, mais quel a été mon désespoir en apprenant que mon Vaisseau s'était perdu en voulant relâcher dans le por de Livourne. Je reçus cet avis & je le tins secret pour mettre ordre à toutes mes affaires ; mais mon malheur a voulu que Durand ait été instruit aussitôt que moi de ce triste évènement. Il s'est plû à le divulguer partout, il n'a pas eu honte de se mer adroitement des bruits injurieux contre ma probité, & il m'a calomnié au point d'assurer que mon Vaisseau ne contenait aucunes marchandises

SOPHIE.

Quelle horreur !

LISIMON.

Que j'avais flatté mes Créanciers de cet espoir,

qui aſſurait leur créances pour les tromper indignement, qu'il en avait les preuves les plus certaines, & que le Capitaine ſéduit par une forte ſomme d'argent, avait fait échouer ſon Vaiſſeau de concert avec moi.

SOPHIE.

Et l'on a pu vous croire capable de ce crime, quand l'honnêteté la plus ſcrupuleuſe a toujours été la baze de toute vos actions !

LISIMON.

Un exemple récent d'une pareille horreur eſt venu à l'appui de cette calomnie, qui peu a peu a ſéduit tout le monde, ceux qui m'avaient témoigné de l'eſtime ; ſe ſont inſenſiblement refroidis, d'autres jaloux de mes ſuccès, ont ſaiſi cette occaſion pour m'accabler. Ils ſe ſont joints à Durand, qui ſachant que j'ai encore aſſez de reſſources pour faire face à tous mes engagemens, s'eſt rendu poſſeſſeur de pluſieurs effets que jai ſouſcrit. L'écheance en eſt arrivée, & maintenant j'ai tout à craindre.

SOPHIE.

Hélas ! qu'oppoſer à tant de malheurs imprévus ?

LISIMON.

La vertu que l'innocence donne, le courage.

SOPHIE.

Ah, mon Pere ! je le vois trop, tout vous abandonne...... mais votre fille vous reſte, j'épouſerai Durand, ce ſacrifice eſt néceſſaire.

LISIMON.

Ne me parle plus, ma chère enfant, d'une résolution que j'admire, mais dont mon cœur est révolté; non, ma chère Sophie, tant de graces, tant de vertus ne feront jamais dans la possession d'un homme aussi incapable d'en sentir tout le prix...... mon enfant, ma chère Sophie, dans un âge encore tendre, tu as connu l'amour, tu aimes Dorval, il en est digne. Conservez bien dans vos cœurs une passion qui vous honore l'un & l'autre & espèrez du tems le bonheur d'être unis.

SOPHIE.

Notre infortune a détruit tous les projets de l'amitié.

LISIMON.

Non, ma fille, rien n'est détruit, nous avons la parole de Durmont, je l'estime assez pour y compter & pour être persuadé que le changement de notre fortune ne changera rien à son cœur & à ses engagemens.

SOPHIE.

Vous n'avez cependant pas compté sur lui dans cet événement.....

LISIMON.

Je suis persuadé, ma chère enfant, qu'il m'aurait tendu une main secourable, si je lui avais dans le principe confié mon malheur, mais lui en ayant, comme à tout autre, fait un secret, & c'est là mon seul crime, je t'avoue que je n'ai pas eu la force de le lui dire. Je le savais prévenu par

Durand

Durand, dont il ne ſoupçonne pas la baſſeſſe. Durmont prend aiſément les premières impreſſions qu'on lui donne, perſonne n'a un caractère plus droit, plus bienfaiſant, mais auſſi perſonne n'a l'abord plus dùr & le jugement plus rigoureux. Il confond dans le Commerce le malheur avec le crime, l'imprudence avec la mauvaiſe foi, & j'ai eu la foibleſſe de n'oſer m'expoſer à l'amertume de ſes reproches, bien ſûr cependant qu'ils euſſent été ſuivis des ſecours de l'amitié. Ah, ma fille! grave bien dans ton cœur que la manière d'obliger vaut le bienfait; mais qui peut venir ici? O Ciel, c'eſt Durand!

SCENE V.

LISIMON, SOPHIE, DURAND.

DURAND.

VOUS êtes ſurpris de me voir, Liſimon, vous me croyez votre ennemi, mais il ne tient qu'à vous de finir tous nos débats. Vous êtes ſans doute inſtruit du deſir que je conſerve de m'allier à vous. Acceptez mon amitié, & que l'aimable Sophie en ſoit le lien & le gage éternel.

LISIMON.

Et vous avez penſé que j'y conſentirais.

DURAND.

Je ſais qu'imprudent dans votre diſgrace, guidé par un orgueil mal entendu, vous allez oppoſer des raiſons frivoles à mon deſſein, & vous roi-dir contre une infortune dont rien ne peut vous affranchir ſi vous refuſez mes bienfaits.

LISIMON.

Epargnez-vous un langage étranger à votr cœur, le mot de bienfait dans votre bouche es dégradé.

DURAND.

Croyez-moi, Liſimon, n'abuſez pas plus long tems de ma faibleſſe; prenez des ſentimens plu doux, plus modérés; ils conviennent à votr ſituation.

LISIMON.

Et toi finis des diſcours qui m'inſpirent autar d'horreur que de mépris.

DURAND.

Eh bien, tu m'y forces, tremble ingrat & n'a-cuſe que toi de toutes les calamités qui vo t'accabler.

SOPHIE.

Ah, mon père! Monſieur! calmez-vous; pourrait-il que vous fuſſiez capable de contribu à la perte d'un homme dont vous recherchez l'a-liance & l'amitié.

DURAND.

Acceptez-ma main, Mademoiſelle, qu'il conſente, & tout eſt oublié.

SOPHIE.

Eſpérez tout du tems.

DURAND.

Prétextes frivoles !

LISIMON.

Tu te trompe, Durand, on ne donne des prétextes à ses refus qu'à ceux qu'on estime. Quitte un vain espoir, le tems ne peut que m'affermir dans mon mépris pour toi.

DURAND.

C'en est fait, tu viens de fermer pour jamais mon cœur à la pitie. la haine y remplace l'amour, & tu vas trouver dans l'ami que tu dédaignes un persécuteur infatigable.

LISIMON.

Délivre-nous de ta présence !

(*Durand sort.*)

SCENE VI.

LISIMON, SOPHIE.

SOPHIE.

O MON père ! O Ciel! qu'allons nous devenir ?

LISIMON.

Rassure-toi, ma chère enfant, je n'ai rien à me reprocher, je suis tranquille, les menaces des méchants n'intimident que les coupables.

SOPHIE.

Eh quoi, tous vos amis vous abandonnent.

LISIMON.

J'ai toujours peu compté ſur les hommes.

SOPHIE.

Voyez Durmont.

LISIMON.

Je ne le puis.

SOPHIE.

Mais on vient, c'eſt ſon fils, c'eſt Dorval!

SCENE VII.

LISIMON, SOPHIE, DORVAL.

LISIMON.

JE te vois avec plaiſir, mon cher Dorval, t viens conſoler un ami.

DORVAL.

Que n'eſt-il en mon pouvoir, Monſieur, d'anéan tir la cauſe de vos malheurs.... Je ne dois poin vous le cacher, ils ſont au comble.

SOPHIE.

Hélas! qu'eſt-il donc arrivé?

LISIMON.

Expliquez-vous, mon cher ami.

DORVAL.

Vous avez tout à craindre de Durand; il eſt ven trouver mon père s'imaginant qu'il ſe joindrait lui pour vous perſécuter, & il lui a confié qu'il travaille à vous ravir la liberté.

LISIMON.

Ma liberté!

SOPHIE.

O Ciel!

DORVAL.

Le hazard m'a fait tout entendre, vous n'avez pas un moment à perdre, il faut me ſuivre.

LISIMON.

Qui, moi fuir!

DORVAL.

Il faut vous y réſoudre.

SOPHIE.

Qu'oppoſer aux manœuvres d'un homme qu fait tout pour vous perdre?

LISIMON.

Je publierai l'état de mes affaires, & mes reſſources & mon malheur; je le dois à moi-même, à ma juſtification.

DORVAL.

Il vous en ôtera le pouvoir, en vous raviſſant la liberté.

LISIMON.

Je me mettrai ſous la ſauve-garde des loix.

SOPHIE.

Il peut en prévenir les Miniſtres.

LISIMON.

Oui, mais il ne peut les convaincre.

DORVAL.

L'innocent eſt ſi ſouvent victime.

LISIMON.

Il triomphe tôt & tard.

SOPHIE.

Fuyez.....

LISIMON.

Ce ſerait donner des armes contre moi.

DORVAL.

Craignez.....

LISIMON.

On ne doit craindre que les remords.

SOPHIE.

Mon père, je vous conjure par cette tendreſſe que vous m'avez toujours prodiguée, de vous ſouſtraire à la vengeance de vos ennemis.

DORVAL.

Suivez-moi, Monſieur, mon appartement vous servira d'aſile, & vous y ſerez ignoré auſſi long-tems qu'il ſera neceſſaire.

LISIMON.

Mais ton père ?

DORVAL.

Vous ſerez près de lui, dans ſa maiſon, & lorſque la prevention aura fait place dans ſon cœur à la vérité, il me remerciera de vous avoir sauvé.

LISIMON.

Mais le monde, que dira-t-il de cette démarche ?

DORVAL.

Votre azile la justifiera.

SOPHIE.

Cédez à la tendresse, à l'amitié.

DORVAL.

Nous travaillerons ensemble à votre justification, & vous reparaîtrez bientôt pour triompher de la calomnie.

LISIMON.

Eh bien ! je m'abandonne à vos conseils, & à tout ce que votre amitié vous dictera pour moi. Ma démarche est peut-être inconsidérée ; mais je ne puis m'empècher de céder à vos tendres instances. J'aime mieux être soupçonné d'imprudence que de vous paraître insensible. (*Il embrasse sa fille & sort avec Dorval.*)

SCENE VIII.

SOPHIE.

AH ! je respire, mon père est sous la garde de l'amitié, & cet ami c'est mon amant ; ah Dorval ! comment reconnaître tant de vertus & tant de zèle...... mais qui porte ici ses pas..... Oh Ciel ! c'est Monsieur Durmont !..... que lui dire ?

SCENE IX.

SOPHIE, DURMONT.

DURMONT.

Ou eſt Liſimon ?

SOPHIE, *embarraſſée.*

Monſieur!.....

DURMONT.

Il faut que je lui parle.

SOPHIE.

Il eſt.....

DURMONT.

Eh bien ! où, dans ſa chambre, dans ſon cabinet ?

SOPHIE.

Non, Monſieur, il eſt.....

DURMONT.

Vous me feriez mourir d'impatience ; où donc eſt-il ? dans quel endroit ?

SOPHIE, *à part.*

Que lui dire ? (*Haut.*) Il eſt abſent.

DURMONT, *ſtupefait.*

Il eſt abſent ? ..... fort bien .... très-bien.... mais il choiſit fort bien ſon tems. .... Ah! il fuit dans le moment qu'il devrait ſe juſtifier .... Oh! je ſais maintenant à quoi m'en tenir. ....il avait ses raiſons pour ne pas me voir..... Je ne m'étonne plus de ſa réſerve.... Il craignait que je ne lûſſe dans ſon infâme cœur.... & moi bonnement je venais le prévenir, lui offrir les ſecours d'un ami.

SOPHIE.

Croyez, Monſieur, qu'il mérite....

DURMONT.

Taiſez-vous : il ne mérite que ma haîne & le mépris le plus profond..... Ah! Monſieur Liſimon, vous faites de ces tours. Oh! l'on vous trouvera, il ne ſera pas dit que j'aurai été votre dupe, j'y mangerai plutôt mon bien.

SOPHIE.

Son azile vous ſera bientôt connu.

DURMONT.

Dans quel aveuglement j'étais plongé! Je le croyais ſi honnête homme, c'était pour moi une gloire, un bonheur de l'avoir pour ami, j'aurais tout ſacrifié pour lui, & il me trompait.

SOPHIE.

Daignez écouter.....

DURMONT, *ſans l'écouter.*

A qui ſe fier maintenant, puiſque quarante ans d'une vie ſans reproche, ne ſont pas une ſûreté pour ſe fier à la probité d'un homme?

SOPHIE.

Pardonnez aux malheurs.....

DURMONT.

Il n'en eſt point qui puiſſe excuſer une baſſeſſe.

SOPHIE.

Ne le jugez pas si sévérement.... :

DURMONT.

Je le juge sur des faits : mais au surplus je ne veux plus en entendre parler ; qu'il apprenne cependant pour son tourment qu'il avait un ami, qui aurait tout sacrifié pour lui : ne le croyant que malheureux & imprudent, je venais lui offrir ma bourse, mon crédit, je venais lui remettre quelques effets dont je suis possesseur, & dont le payement pouvait l'inquiéter ; les voici ces effets. ... (*Il les tire de sa poche.*) Je devrais les garder, le poursuivre, mais je les anéantis, (*Il les déchire.*) pour n'avoir rien qui puisse me le rappeller. S'il est encore capable de remords, qu'il meure de honte d'avoir manqué à la probité, à l'amitié & à l'honneur.

SCENE X.

SOPHIE, *seule.*

QUEL mélange incroyable de bonté & de rudesse..... la nuit me favorise..... Allons bien vîte avertir mon père & Dorval de cet incident, & chercher les moyens de détromper bientôt un ami, dont la vertu est bien austère, mais bien estimable.

Fin du premier Acte.

ACTE II.

Le Théâtre représente l'appartement de Durmont, à gauche est une table couverte de papiers, à droite un cabinet.

SCENE PREMIERE.

DORVAL, JACQUES.

DORVAL.

MON père n'eſt pas encore rentré ?

JACQUES.

Non Monſieur.

DORVAL.

Écoute, Jacques, j'ai de l'eſtime pour toi, je t'ai toujours diſtingué, je vais te le prouver en me confiant à toi.

JACQUES.

Comptez ſur mon zèle & ſur ma diſcrétion, Monſieur, parlez, ordonnez.

DORVAL.

Tu ſais le malheur de Monſieur Liſimon ?

JACQUES.

Je l'ai appris avec bien du chagrin.

DORVAL.

On allait l'arrêter.

JACQUES.

Ah, Ciel!

DORVAL.

Je n'ai eu que le tems de le souftraire aux pourfuites de ses ennemis ; il eft ici.

JACQUES.

Quel bonheur! ici?

DORVAL.

Oui, dans l'appartement de ma Mère. Mon Père va rentrer, je vais l'attendre, il faut que je lui parle. Empêche que perfonne ne vienne nous interrompre, lorfque je ferai avec lui.

JACQUES.

Vous pouvez compter fur moi.

DORVAL.

Defcends, & auffi-tôt que mon père paraîtra, tu viendras m'avertir.

JACQUES.

J'y vais, Monfieur, j'y cours.....

Madame LAURENT, *dans la couliffe.*

Il faut que je lui parle.

DORVAL.

Quel nouveau contre-tems!

JACQUES.

C'eſt Madame Laurent.

SCENE II.

MADAME LAURENT, DORVAL, JACQUES.

Madame LAURENT, *à Jacques.*

Ou eſt Monſieur Durmont? (*à Dorval*). Ah, Monſieur! vous voila, je ſuis votre ſervante; Monſieur votre père où eſt-il? Il faut que je lui parle.

DORVAL.

Il eſt ſorti, Madame.

Madame LAURENT.

Eh bien je l'attendrai.... mais vous Monſieur, il faut vous joindre à moi, vous le devez, ſi vous aimez toujours Mademoiſelle Sophie; ſans vous, ſans Monſieur votre Pere, ce cher Liſimon eſt perdu.

DORVAL.

Nous ne pouvons rien pour lui.

Madame LAURENT.

Ah! Je le vois, Monſieur, vous vous méfiez de moi, je vous parais complice de Durand: mais ne me faites pas l'injuſtice de le croire; il m'a trompé, il en aurait trompé mille autres, & je ne l'ai bien connu que lorſqu'il m'a confié qu'il allait pour ſe venger faire arrêter ce digne Monſieur Liſimon. J'ai couru l'en avertir; mais hélas! c'en était fait Monſieur: l'infâme avait déja accompli ſon indigne projet. J'ai trouvé la maiſon de Monſieur Liſimon fermée; il gémit ſans doute à preſent dans une affreuſe priſon, le juſte ſouffre & le fourbe triomphe. Mais Monſieur votre Père était ſon ami, il en aura pitié; ſes payemens ſont arrêtés il eſt vrai, mais il fera honneur à tout, ſi on lui rend la liberté.

DORVAL.

Durand eſt donc bien acharné contre Monſieur Liſimon?

Madame LAURENT.

Je ferai tout pour le perdre, diſait il d'un ton furieux. Mais moi, malheureuſe, par quelle fatalité me ſuis-je trouvé mêlée dans cette indigne affaire; mais vous me rendrez juſtice, Monſieur. Je vais tout découvrir à Monſieur Durmont, il connaîtra la noirceur de ce Durand, & ſi cela ne ſuffit pas pour l'intéreſſer pour ſon ancien ami, le peu que j'ai je le ſacrifierai pour le ſecourir, heureuſe ſi ma conduite à l'avenir me juſtifie aux yeux des honnêtes gens.

DORVAL.

Tranquilliſez-vous, Madame, notre ami eſt en ſûreté, vous parlerez à mon père à ſon retour, entrez chez moi, je vous avertirai quand il en ſera tems.

SCÈNE III.

DORVAL, LISIMON, SOPHIE.

DORVAL *va au fond du Théâtre & ouvre la porte.*

VENEZ, Monſieur, venez, Mademoiſelle, voici le plus beau moment de ma vie, je vais en vous juſtifiant aux yeux de mon père, lui rendre ſon ami.

LISIMON.

Quel eſt votre deſſein ?

DORVAL.

Placés dans ce cabinet, vous allez être témoin de l'entretien que je vais avoir avec mon père.

SOPHIE.

Puiſſiez-vous réuſſir à le perſuader.

DORVAL.

La démarche qu'il vient de faire pour ſecourir ſon ami, la bonté de ſon cœur, tout m'aſſure du ſuccès.

SCENE IV.

LES MÊMES, JACQUES.

JACQUES.

VOICI Monsieur Durmont avec Monsieu Durand. (*Il sort.*)

DORVAL.

O Ciel! quel contre-tems! Eloignons-nous un moment, pour venir bientôt détruire les impressions défavorables qu'il va s'efforcer de faire sur le cœur de mon père. (*Ils entrent dans le cabinet.*)

SCENE V.

DURMONT, DURAND.

DURAND.

EH bien! Durmont, vous le voyez: j'étais un homme injuste à votre compte, Lisimon un modèle de probité, un homme incomparable; le voila cependant qui fuit après nous avoir tous trompé, & je sais de bonne part qu'il emporte au moins cent-mille écus d'argent comptant.

DURMONT, *à part.*

Je reste confondu.

DURAND.

DURAND.

Mais patience, il ne jouira peut-être pas si paisiblement du fruit de son crime; des gens adroits & sûrs sont à sa suite, & m'en rendront bon compte.

DURMONT.

Mais êtes-vous bien sûr de cette fuite? car on m'a dit chez lui qu'il était en ville.

DURAND.

Détour adroit, mais faux, pour nous faire prendre le change. Mais jugez vous-même s'il est vraisemblable que dans un moment où il lui était si intéressant de justifier sa conduite; jugez, dis-je, s'il aurait pris ce tems pour s'absenter. Ah! si vous aviez vu ce matin l'air sombre & interdit qu'il avait devant nous, vous auriez présumé ce qui est arrivé; il fuit, n'en doutez pas, il se dérobe à la juste rigueur des loix.

DURMONT.

Non, je ne puis me persuader que Lisimon ait pu s'oublier à ce point; il y a là-dessous quelque chose qui n'est pas naturel; on ne passe point ainsi de la probité la plus scrupuleuse au comble de la scélératesse.

DURAND.

J'ai dit tout comme vous, je ne pouvais le croire; mais le fait est qu'il nous a tous trompé, & la cause de notre erreur, c'est qu'il cachait sous un masque hypocrite, toute la noirceur de ses desseins; il préparait de loin son infâme projet.

DURMONT.

N'en parlons plus, le tems découvrira la vérité de cette affaire.

DURAND.

Eh quoi! vous en doutez encore, lorsque les présomptions les plus fortes sont contre lui....

DURMONT, *vivement.*

Eh bien! eh bien! que s'ensuit-il de-là? les présomptions les plus fortes sont souvent les plus fausses.

DURAND.

Mais quand vous serez convaincu.

DURMONT.

J'aime mieux être incertain.

DURAND.

Joignez-vous à nous pour le poursuivre, & vous verrez.....

DURMONT, *l'interrompant.*

Écoutez, Durand, l'argent que Lisimon vous doit, & sur lequel peut-être vous comptiez, peut nuire à vos affaires: cela se peut; c'est assûrément la cause de votre acharnement à le poursuivre; dites-le-moi, & sur le champ je remplis cet objet. Combien vous doit-il?

DURAND.

Vous vous trompez, Durmont, j'ai de l'argent; je suis en règle moi, ce n'est point l'intérêt qui m'anime, c'est un motif plus beau, le desir de punir le crime.

DURMONT.

Il eſt moins pardonnable ; eh, mon Dieu ! penſons à nos fautes & ſoyons plus indulgents.

DURAND.

Je n'ai rien à me reprocher.

DURMONT.

Ce n'eſt pas ce que l'on dit ; mais quoi qu'il en ſoit, ſi votre viſite n'a pas d'autres motifs, finiſſons.

DURAND.

Ainſi vous perſiſtez à refuſer de vous joindre à nous.

DURMONT.

Oui.

DURAND.

Vous vous en repentirez.

DURMONT.

Tant pis pour moi.

DURAND.

C'eſt votre dernier mot ?

DURMONT.

Oui, oui ! & de par tous les Diables oui !

DURAND.

Là, là ! point de colère, n'en parlons plus. Adieu, auſſi bien je perds ici un mets précieux pour ma vengeance.

SCENE VI.

DURMONT.

ADIEU, & puiſſai-je ne te revoir jamais Je croyais cet homme dur, mais franc, humain il n'eſt que lâche, vil & mépriſable. Il y a dan ſa haine quelque choſe d'odieux qui me révolte On voit que c'eſt bien moins le crime qu'i pourſuit, que Liſimon ; nul n'était plus jaloux qu lui de l'eſtime & de la haute conſidération don jouiſſait mon ami...... mon ami! quel mot m'eſ échappé. Oh non! je n'en ai plus. J'en mourra de chagrin, mais je n'ai plus d'ami. (*Il s'aſſie près de la table.*)

SCENE VII.

DURMONT, DORVAL.

DORVAL, *à part à Liſimon dans le cabinet.*

LE voila ſeul, approchons; ſongez à me bien ſeconder.

DURMONT, *ſe croyant ſeul.*

J'ai mille choſes à faire, & je ne ſais pas où

commencer...... Je ſuis dans un trouble inconcevable. Voyons mes lettres, (*Il les ouvre.*) ce n'eſt rien, (*il en ouvre un autre*) de Livourne.

DORVAL.

Mon Père!

DURMONT.

Eh bien! que voulez-vous? jai beſoin d'être ſeul.

DORVAL.

Liſimon..... ſa fille veut vous voir.

DURMONT.

Je ne la verrai point.

DORVAL.

Vous ne la verrez point? Vous l'aimiez cependant, vous l'aviez deſtinée à faire le bonheur de votre fils.

DURMONT.

Il eſt vrai, Dorval, mais ſon Père a rompu tous les liens qui m'attachaient à lui.

DORVAL.

Eh quoi! ſon malheur, peut-il anéantir vos promeſſes?

DURMONT.

Ce n'eſt pas ſon malheur c'eſt ſon crime.

DORVAL.

Et quand il ſerai vrai que Liſimon fût coupable, ſa fille ne l'eſt pas.

DURMONT.

Il ne faut plus, Dorval, penser à cet hymen. Je sais que le crime de Lisimon est étranger à sa fille, mais un juste préjugé vous interdit cette union. Je vous défends de la voir & de jamais m'en parler.

DORVAL.

Eh quoi! mon Père, sacrifierez-vous le bonheur de votre fils à de vains préjugés?

DURMONT.

Il faut les respecter, s'y soumettre, lorsque l'honneur & la réputation en dépendent.

DORVAL.

Mais Sophie, mon Père, elle est malheureuse; la punirez-vous d'une faute involontaire?

DURMONT.

Connaissez mieux mon cœur, Dorval; si Lisimon a ajouté à l'horreur de sa conduite, celle d'avoir abandonné sa fille, je lui servirai de Père, mais jamais vous ne l'épouserez. Apprenez, mon fils, les devoirs d'un Négociant; je vous rends justice, votre conduite, votre exactitude, votre intelligence, tout jusqu'à présent m'a prouvé que je laisserais un digne héritier de mon nom, mais cela ne suffit pas; vous ne devez faire aucune démarche qui puisse donner de vous une opinion défavorable, vous ne devez sur-tout (& votre état vous en fait une loi) avoir pour compagne, que celle dont la famille, ainsi que la vôtre, n'aura éprouvé aucun tache deshonorante. La patrie d'un Négociant, c'est le monde; ses correspondants épars dans l'univers, sont autant de surveillants de sa conduite, & il leur doit ainsi qu'à lui-même d'être exempt de tout reproche. Déja mille avis sont en marche & vont porter en tous lieux les détails du crime de Lisimon, plusieurs l'aggraveront, on apprendra une fuite qui le couvre à jamais d'opprobre; est c'est à lui que vous vous allieriez. Non, mon fils, non; on jugerait de vous par lui. Votre honneur vous interdit cette union, & si un motif aussi puissant pour un homme de bien ne vous suffisait pas, je vous le défends par toute l'autorité que la nature & les loix me donnent sur vous. Mourez plutôt que céder à une passion qui vous ôterait le plus grand bien d'un Négociant, la réputation.

DORVAL.

Mais mon Père.....

DURMONT.

Vous m'avez entendu, Dorval, ne me repliquez pas. Obéissez ou, craignez ma colère; sortez. (*Dorval sort, il va au cabinet & dit à Sophie.*)

DORVAL, *à Sophie.*

Venez, Mademoiselle, c'est de vous maintenant que dépend notre sort.

SCENE VIII.

DURMONT, SOPHIE.

DURMONT, *se croyant seul.*

IL m'en coûte beaucoup pour lui parler ainsi, mais il le faut. (*appercevant Sophie*). Mais que vois-je Sophie.... il me connoît trop bien.... que venez vous faire ici ?

SOPHIE.

Je viens avec confiance, implorer votre amitié.

DURMONT.

Vous pouvez y compter, je crois que vous la méritez. Que voulez-vous ?

SOPHIE.

Vous demander de l'indulgence pour....

DURMONT.

Vous n'en avez pas besoin vous.... je vous estime, je vous aime, je vous le prouverai, n'ayez aucune inquiétude sur votre sort.

SOPHIE.

Ce n'est pas sur le mien que je verse des pleurs.. la générosité de vos offres excite en moi la plus vive reconnaissance.... mais vous pourriez davantage pour la fille de Lisimon.

DURMONT.

Son nom m'eſt odieux, plus je l'aimais & plus je le déteſte.

SOPHIE, *regardant le cabinet avec douleur.*

Ah! de grace, Monſieur, moderez-vous.

DURMONT.

Il a donc ajouté à ſon crime celui de vous abandonner.... Eh bien! tant mieux; vous n'étiez pas faite pour paroître ſa complice. Je ſerai votre père, oui, Mon enfant, je vous en tiendrai lieu. Je veux vous attacher à moi par les liens de la reconnoiſſance: ils valent ceux de la nature.

SOPHIE.

Que de bontés, Monſieur, vous m'en voyez pénétrée. Ajoutez-y celle d'écouter la juſtification de celui que j'oſe nommer votre ami.

DURMONT.

Liſimon mon ami! il ne l'eſt plus.

SOPHIE.

Croyez qu'il n'eſt que malheureux.

DURMONT.

Il y a du remede à l'infortune, il n'en eſt point au deshonneur. Sa fuite eſt odieuſe.

SOPHIE.

Elle était néceſſaire,.....

DURMONT.

Rien ne peut la juſtifier.

SOPHIE.

Il avait tout à redouter de ses ennemis, de Durand.

DURMONT.

S'il n'eut été coupable, il avait en moi un ami sûr.

SOPHIE, *vivement.*

O! vous dont j'admire en tremblant la générosité, rassurez la fille de votre ami, oui de votre ami, il mérite ce titre. Apprenez qu'il ne s'est soustrait aux ennemis qui attentoient à sa liberté que pour se réserver le moyen de les confondre : son asile vous justifiera la candeur de son ame & l'honnêteté de sa conduite, oui, Monsieur, je vous le jure, il n'est coupable que de réserve envers vous, il a pu craindre la vivacité de vos reproches, il vous savait prévenu par Durand, dont l'indigne conduite ne vous est pas connue : lisez cette lettre, Monsieur, (*elle lui donne la lettre de Durand.*) & voyez le véritable motif de la haine & de la noirceur de ce monstre, j'en étais seule la malheureuse & innocente cause.

DURMONT *lit la lettre.*

« Songez que le sort de votre père est dans mes » mains, & que mon amour ne me laisse que » l'alternative de faire tout pour vous plaire, ou « tout pour me venger de vos mépris. Durand » Oh le monstre!

SCENE IX.

LES PRÈCÉDENS, Madame LAURENT.

Madame LAURENT *entre avec précipitation.*

OUI, c'eſt un monſtre, je vais vous dire tout dans le plus grand détail.

DURMONT.

Eh bien! eh bien! que veut cette bavarde?

Madame LAURENT.

C'eſt moi, Monſieur, c'eſt moi qu'il avait chargé de cette lettre, où vous voyez que l'infame ſe trahit, car le Ciel, le juſte Ciel protège toujours l'innocence; c'eſt moi qui ai eu la faibleſſe de la porter, après avoir eu celle de le croire ſincère, honnête & délicat; pardon, Mademoiſelle, pardon, je vous ai donné du chagrin, mais bien innocemment, mais le Ciel eſt juſte, il vous bénira & punira ce ſcélérat. Il paraît déjà triſte, inquiet & rêveur, je n'ai pas bien compris ce qu'il voulait dire, car j'étais trop troublée; mais il diſait tout bas à un de ſes amis. Si ces nouvelles de Livourne parviennent ici tout eſt détruit. (*Durmont prend une lettre ſur ſa table.*) Vous êtes bon, ſenſible, généreux, laiſſez-vous attendrir.

DURMONT *après avoir lu.*

O Dieu! quel jour m'éclaire; ah! mon ami, je t'ai jugé trop légèrement.

» De Livourne, &c., &c.

« Il n'eſt bruit dans cette ville que du malheur » arrivé à Monſieur Liſimon votre ami; mais on » eſpère qu'il ne ſera pas ſi grand qu'on l'avoit » d'abord imaginé; ſon vaiſſeau ayant échoué ſur » la côte, on eſt parvenu à ſauver une grande » partie des plus précieuſes marchandiſes; je vous » prie de le lui communiquer & de lui témoigner » tout l'intéret qu'on prend à lui dans cette ville, » où il trouvera toujours les reſſource que ſa pro- » bité, ſa conduite & ſon habileté lui aſſurent pour » toujours. Je ſuis, &c.

Mais auſſi pourquoi fuir?

SOPHIE.

Il n'a point fui.

DURMONT.

Où donc eſt-il?

SOPHIE.

Il eſt chez vous.

DURMONT.

Il eſt ici?

SOPHIE.

Il eſt tout près de vous, c'eſt votre fils......

DURMONT.

Je veux le voir, ah! qu'il vienne bien vîte ſe jetter dans mes bras.

SCENE IX.

LISIMON, DORVAL, DURMONT, SOPHIE.

DURMONT.

MON ami !

LISIMON *se jettant dans les bras de Durmont.*

Quel bonheur !

DORVAL, *aux pieds de son père.*

Mon pére !

SOPHIE.

Monsieur !

Ensemble

DURMONT.

Mon ami, mon cher ami, mes enfans.... Mon cœur ulcéré avait besoin d'une aussi douce révolution.

LISIMON.

Me pardonneras-tu ma réserve ?

DURMONT.

Ah ! c'est à moi seul que j'ose m'en prendre, c'est à mon caractère trop violent. Cependant tu devais me connaître : mais je me vaincrai mon ami, je me vaincrai. J'ai trop ſouffert pour ne pas tout faire pour y parvenir ; & toi, mon cher Dorval, embraſſe ton père ; tu viens de me faire éprouver le moment le plus délicieux, tu me rends un ami, tu me rends le bonheur. La main ſeule de Sophie peut m'acquitter envers toi, épouſe-la & qu'elle ſoit avec toi la plus heureuſe des femmes ; tu le veux bien, mon bon ami ?

LISIMON.

C'eſt mon plus cher deſir.

SCENE XI.

LES MÊMES, JACQUES, DURAND.

JACQUES.

VOICI Monſieur Durand.

DURMONT.

Qu'il entre.

DURAND.

Je viens vous avertir. (*Appercevant Liſimon.*) Oh ciel !

DURMONT.

Eh bien, acheve... Tu reſtes confondu.. N'eſt-tu donc hardi que pour le crime ? Eh bien méchant, ton ſupplice eſt commencé, qu'il ſoit au comble,, ſois témoin de mna réconciliation avec mo ami Liſimon, du mariage de ſa fille avec mon fils.

Peins-toi bien tout notre bonheur. Delà paſſe à ma caiſſe, tu y recevras l'argent que Liſimon te doit; va & cours enſuite empoiſonner s'il t'eſt poſſible & ma conduite & celle de mon ami.

(*Durand va à la caiſſe qui eſt cenſée à gauche.*)

SCENE XII & *dernière.*

LISIMON, DORVAL, DURMONT, SOPHIE.

DURMONT.

POUR nous, mes enfans, mon ami, réuniſſons-nous pour toujours, célébrons leur hymen dès-aujourd'hui, qu'il ſoit l'heureux lien d'une amitié à toute épreuve. Conſe rvons dans nos cœurs un ſentiment ſi doux, & n'oublions jamais que ſi le Ciel éprouve quelquefois la vertu, c'eſt pour la faire triompher aux yeux des hommes avec tout ſon éclat.

FIN.

Lu & approuvé. A Paris, ce 13 Juillet 1787.

SUARD.

Vu l'Approbation, permis d'imprimer le 16 Juillet 1787.

DECROSNE.

www.ingramcontent.com/pod-product-compliance
Lightning Source LLC
LaVergne TN
LVHW012014160826
845678LV00002B/832

* 9 7 8 2 3 2 9 6 6 1 2 3 0 *